Made in the USA
Middletown, DE
15 December 2022

18720567R00068